AF358933

ESSAI

SUR LES CAUSES

DE LA RÉVOLUTION

FRANÇAISE.

IMPRIMERIE ANTHELME BOUCHER ,
RUE DES BONS-ENFANS , N°. 34.

ESSAI

SUR LES CAUSES

DE LA RÉVOLUTION FRANÇAISE,

SUIVI DE

DEUX LETTRES A MILORD ***,

ET D'UNE

PIÈCE DE VERS INÉDITE.

Tantùm mens cæca potuit suadere malorum.

PAR UN OFFICIER-GÉNÉRAL.

PARIS,

CHEZ LES MARCHANDS DE NOUVEAUTÉS.

1827.

ESSAI

SUR LES CAUSES

DE LA RÉVOLUTION

FRANÇAISE *.

—◆—

Beaucoup de philosophes avaient prédit la révolution actuelle. Il s'en était fait une si grande dans les esprits, qu'il était aisé de prévoir qu'il s'en ferait une dans le gouvernement. Dans le beau siècle de Louis XIV, les arts, la littérature, cette foule de grands hommes qui s'éle-

---

* Ce petit ouvrage des causes de la révolution fut imprimé partiellement dans un journal en 1791. Il ne sera peut-être pas inutile de le reproduire aujourd'hui; et s'il y avait quelque jour une nouvelle révolution, ce dont le ciel puisse nous préserver, ne pourrait-on pas en retrouver les causes dans cette série de fautes qui se multiplient depuis 1814 ? Et que serait-ce si nous osions écrire ce que nous pensons à ce sujet ! Mais montrer le mal ne serait pas le guérir, et ce serait peut-être l'aggraver.

vèrent pour illustrer son règne, l'enthousiasme qu'il sut donner à sa nation, la religion qui consacrait sa puissance, enfin ses succès et ses malheurs même, tout servit à en faire un grand roi, et à faire des Français un grand peuple.

La guerre de la Fronde, qui pouvait devenir très sérieuse, avait appris à Louis XIV qu'il fallait tenir ferme les rênes du gouvernement, et qu'il était nécessaire que le peuple fût soumis pour être heureux. Son peuple l'eût été effectivement sans son ambition guerrière, mais il l'accabla d'impôts; et quand la misère se joint à la soumission, celle-ci devient une rude servitude. Il faut faire aimer aux nations les chaînes qui les lient, et leur faire trouver le bonheur dans cette invincible nécessité. Il me semble que Henri IV avait connu ce beau secret, car on n'objectera pas que ce roi n'ait su ni régner, ni se faire aimer.

Le régent, avec un caractère ardent, facile et prodigue, sans mœurs et sans vertus, mais non sans qualités, corrompit le gouvernement, méprisa la religion et confia l'administration à des hommes plus vicieux que lui, qui renversèrent la chose publique. Law et Dubois étaient dignes d'être ses ministres, et il ne manqua pas de les choisir. Il y eut de son temps un débordement de corruption et de malheurs. Pour la nation, la banqueroute, la misère et l'oubli de tous les devoirs; et pour lui, la hiérarchie de tous les vices, depuis l'athéisme jusqu'à l'inceste. Si le régent eût été cruel, tous ses vices eussent produit des crimes *. Il laissa vivre son roi, voilà sa gloire.

Le cardinal de Fleury régna sans fierté et ne fit pas estimer le gouvernement. Il rendit son jeune élève incapable de régner lui-même, fit durer son enfance et l'abandonna à son naturel. Louis XV était né sans énergie et sans volonté. Quoique peu sensible et quelquefois dur, il n'était point cruel. La nation eut un moment d'enthousiasme pour lui, et l'appela le *bien-aimé*. Mais enfin son caractère se fit connaître; sa faiblesse, son inapplication, son libertinage, lui attirèrent le mépris de son peuple; la destruction des parlemens et ses dernières amours lui valurent sa haine. S'il eût vécu quelques années de plus, la révolution se serait faite sous son règne, et il serait mort sans couronne, comme il vécut sans gloire.

Montesquieu fut le premier qui sut déterminer et éclaircir les différentes sortes de gou-

---

* Ce grand prince, à-la-fois corrompu, magnanime,
Ouvrait son âme au vice et la fermait au crime.

Vers des CRIMES DE PARIS, *poëme de l'auteur.*

vernement. Il porta le flambeau dans le labyrinthe des lois, éclaira les nations sur leurs intérêts, et devint le législateur de l'univers. Si ce
grand homme vivait encore, il rougirait de
honte et de douleur de voir tant d'aventuriers
en législation et de flibustiers en politique qui
osent se nommer ses disciples. Ce grand génie
se repentirait sans doute de n'avoir pas laissé
aux peuples leur ignorance.

J.-J. Rousseau, dont la philosophie sauvage a
fait tant de prosélytes, mais qui était l'ami de
l'homme, s'il haïssait les hommes ; lui qui écrivait
aux Polonais : « Ne vous donnez pas une autre
» constitution, si elle doit coûter une goutte de
» sang humain, » que dirait-il enfin au spectacle de tant d'assassinats et de barbarie ? Ne
maudirait-il pas le jour où il fit paraître son
Contrat social, cet Évangile des factieux ? Ne
gémirait-il pas d'avoir ébranlé la religion dans
ses fondemens, et d'avoir ôté aux faibles et aux
pervers cette crainte salutaire d'un éternel avenir ? Qu'il eut raison d'écrire que la science est
fatale à l'homme ! Elle devrait être comme le feu
sacré, c'est-à-dire rare et peu répandue ; et d'ail-
leurs, pour aimer la vertu, faut-il être si savant ?

Si Rousseau a nui à la religion en la combat-
tant par les armes d'une raison forte et bien en-
chaînée, Voltaire lui a plus nui encore en ren-

dant ses ministres ridicules et odieux. Ses insi-
dieuses plaisanteries, et ses raisonnemens appro-
priés à l'ignorance et à la malignité naturelle des
hommes, ont rompu les chaînes sacrées qui les
liaient à Dieu ; et cependant il a osé dire, *qu'il
faudrait l'inventer, s'il n'existait pas.* Pouvait-
il croire que cette multitude d'hommes, qui
fourmillent sur la surface de la terre, enten-
draient le sens d'une si grande idée, et qu'ils s'é-
lèveraient à la connaissance du souverain Être,
du Dieu de Platon? Eux qui ont besoin d'une
religion toute corporelle, et à qui on ne peut
parler à l'esprit que par les sens ; eux à qui il est
nécessaire d'en imposer par la pompe et par le
spectacle des cérémonies religieuses ; eux enfin à
qui il faut autant de crédulité que de croyance.

Rainal, avec beaucoup moins de génie que les
trois grands hommes dont nous venons de parler, mais doué d'une éloquence audacieuse, faite
pour entraîner les demi-esprits, en déclamant
sans cesse contre les rois et la religion, a rendu
plus actif le levain philosophique pétri par Voltaire, Rousseau et Montesquieu. Tous ces écrivains
et leurs nombreux disciples, en écrasant le fana-
tisme de la religion, ont élevé celui de la philosophie, et d'après les fruits que ce dernier vient de
produire, qui oserait prononcer quel est le pire ?
La vertu, comme la raison, n'est jamais dans les

extrêmes, et le *milieu* est le centre de tout bien.

Mably se rapprocha plus de nos intérêts politiques que les écrivains précédens. Sa théorie fut pour ainsi dire toute nationale. Il partit du système de l'abbé du Bos, fouilla dans l'obscurité de notre histoire, et forma un code de démocratie, pesamment écrit, mais qui a produit un tel effet, à cause des circonstances, qu'on pourrait l'appeler un événement politique.

Nous croyons donc que la révolution actuelle a jeté ses racines sous la régence, et qu'elle a commencé par la corruption des mœurs et le mépris du culte.

Tous les détails où nous venons d'entrer, joints à l'abus de la philosophie, à la faiblesse du gouvernement et aux désordres de la cour, avaient préparé en secret la révolution sous Louis XV *, et elle s'est enfin manifestée sous son infortuné successeur, par toutes ces causes combinées, et par l'anéantissement de la fortune publique.

* La destruction des Jésuites, qui se seraient opposés si efficacement aux encyclopédistes, et celle de l'ancienne politique de la France par les traités de 1756 et 1758, y ont aussi puissamment contribué. Aujourd'hui l'Europe a changé de face ; la Russie est devenue colossale, et la France et l'Autriche devraient cimenter entr'elles une alliance durable et fondée sur la nécessité : *hóc opus, hic labor.*

Louis XVI, digne d'un meilleur temps et d'un meilleur sort, eut le malheur de monter sur le trône dans l'âge de l'inexpérience. Les gens de mérite n'abondaient point à la cour, et le mépris que ce prince avait pour tous les amis de Louis XV, fut la règle de sa conduite. Le roi s'entoura indistinctement de toutes les victimes du règne précédent, et le comte de Maurepas, qui avait été ministre fort jeune, et ensuite exilé et oublié, reparut à la cour dans sa vieillesse. On confia à ses mains débiles les rênes de l'État. Sa haine pour Louis XV lui fit rétablir les parlemens, faute énorme et impolitique dont Louis XVI a été la victime, et qui est une des grandes causes de la révolution *.

Maurepas avait de l'esprit. Il dut sa disgrâce à sa frivolité et à des couplets de chanson. Du moment de sa chute à celui de son élévation, il vécut dans l'insouciance de toute vertu, dans l'inapplication et l'oisiveté. Son impuissante et méprisable vieillesse était-elle donc faite pour gouverner? Il laissa aller la chose publique, sans la guider, sans la pousser, sans la retenir, et il prenait plaisir à faire et à défaire des ministres.

---

* Louis XV appelait les parlemens *cohue républicaine*. Ils ont été bien coupables.

Dans son tranquille despotisme, et pour l'exercer plus à son aise, il éloignait des affaires son
jeune roi, et l'abandonnait à toutes les habitudes
de son éducation. C'est ainsi, et le ministre fut
seul coupable, que ce prince a passé les plus beaux
jours de sa vie à négliger ses fonctions de roi, et
à ignorer ce qu'il lui importait le plus de savoir.

Sous le règne de Maurepas, un homme pré-
conisé par les économistes et les philosophes,
fut nommé contrôleur-général. C'était Turgot,
esprit spéculatif et plus fait pour écrire sur les
finances que pour les diriger. Il tenait au système de Sully, et donna des encouragemens à
l'agriculture, mais il ne vit pas que, dans un
royaume corrompu, il faut encore favoriser le
luxe; et sa philosophie devait savoir que ce qui
est mauvais n'est pas toujours un mal.

Les courtisans, fatigués des vues économiques
de Turgot et de sa probité, décidèrent bien vite
Maurepas à le renvoyer du ministère. Il y était
assez porté de lui-même, car ce vieux ministre
avait élevé Turgot pour montrer qu'il ne dédai-
gnait pas le mérite; mais il en était jaloux en secret, et il ne cessa d'employer les ruses de son
esprit et les ressources de ses petites passions,
pour décourager un homme de bien et l'éloigner
sans violence. Maurepas excellait dans toutes ces
petites intrigues, et s'en faisait un grand mérite.

Avant de quitter le ministère, Turgot eut le courage de dire au roi que, s'il n'y prenait garde, son règne serait peut-être le plus malheureux de l'histoire. Voltaire, qui avait adressé une belle épître à Turgot, disait que si on le renvoyait jamais, il se ferait moine. Ce ministre ne tarda pas à être forcé de donner sa démission, et fut remplacé par Clugny. Voltaire dit plaisamment alors: *Je me fais moine de Clugny*. On voit dans ce bon mot le philosophe courtisan, qui craint de se brouiller avec les puissances.

Ce Clugny, quoiqu'il eût de l'esprit, était un ministre médiocre, et n'est pas indigne du silence de l'histoire. Il fut remplacé par Taboureau, qui valait encore moins que lui. Avant de parler de M. Necker, qui lui succéda, et qui a tant influé sur la révolution, il est bon de parler du comte de Saint-Germain, qui y a influé aussi par sa terrible ordonnance des coups de plat de sabre.

Le comte de Saint-Germain avait servi avec distinction dans nos armées, sous le règne précédent; on lui fit une injustice, et il s'exila en Danemarck, où il obtint du service et fut décoré de l'ordre de l'Éléphant. Comme un Français ne quitte pas son pays impunément, il revint en France quelques années après, et se retira dans une de ses terres. Il se croyait assez philosophe pour y vivre et mourir tranquille, mais la faveur vint l'y chercher, il ne la dédaigna pas, et Louis XVI le nomma ministre de la guerre. Saint-Germain fit d'abord des réformes minutieuses, et montra une sévérité vraiment tudesque et peu convenable au militaire Français. Son ordonnance *batonnière*, si j'ose m'exprimer ainsi, peupla les armées étrangères de déserteurs français, et ces malheureux soldats supportaient en Allemagne une punition qui les désespérait en France. L'armée, dès ce moment, fut avilie et découragée, et il fallait que Saint-Germain eût un bien petit esprit de ne pas calculer l'opinion, et de vouloir ôter à nos soldats ce noble orgueil qui a fait leur gloire. Louis XVI s'opposa long-temps à cette ordonnance, et il ne la signa que dans la persuasion que la discipline en serait plus ferme. Le roi n'avait que vingt ans et son ministre en avait plus de soixante : le tort n'est pas douteux.

Beaucoup d'officiers-généraux, beaucoup de colonels, de ceux-là qui aiment mieux la faveur que la gloire, se montrèrent les zélés partisans de la nouvelle ordonnance, et la firent exercer à la rigueur. On aurait pu se servir de la bastonnade en France, mais dans les cas graves seulement, et lorsqu'un soldat aurait mérité d'être chassé de son régiment. Cette punition eût été préférable à celle des verges, qui est vraiment cruelle. Quand on ne mérite pas la mort, c'est assez de punir par la honte.

On lit dans la retraite des Dix mille, que Xénophon, qui était un des conducteurs de cette admirable armée, ayant frappé un soldat grec, fut accusé par celui-ci, quoiqu'il eût tort, en présence de tout le camp, et qu'il manqua d'être lapidé. Son éloquence le sauva. Il ne faut donc pas bâtonner le soldat français, puisqu'il s'estime autant qu'un Grec et qu'un Romain.

Saint-Germain donna à l'armée une ordonnance d'instruction qui était plus simple que celles qui l'avaient précédée; et on ferait bien de s'en servir, à quelques manœuvres près qui sont inutiles. Il ne faudrait enseigner au soldat que le maniement des armes et la marche lente ou rapide. Les régimens ne devraient savoir que tirer et se plier, se replier, se déployer le plus promptement possible; car dès qu'une armée est rassemblée, les manœuvres d'un régiment se réduisent à celles d'une compagnie ou d'une division. Par ce moyen, la troupe aurait peu à apprendre et apprendrait bien; mais il faudrait former des camps et l'exercer en corps d'armée. Il faudrait surtout ne faire jamais de changemens dans l'instruction, car toutes les fois que cela arrive, les vieux officiers et les vieux soldats, dont les habitudes sont toute la science, ne se mettent jamais au niveau des jeunes, et dès ce moment tout accord, tout ensemble est anéanti, et l'armée ne va plus.

Maurepas donna pour adjoint à Saint-Germain M. le prince de Monbarrey. Il devint ensuite ministre de la guerre et prodigua trop les grades militaires. Au reste, ce n'était pas un ministre sans bonté et sans talens, mais tout cela était obscurci par des défauts impardonnables. On fut enfin obligé de le remplacer par M. le marquis de Ségur, depuis maréchal de France. Il publia la fatale ordonnance qui exigeait quatre générations de noblesse pour entrer au service. Par-là, il mécontenta tous les honnêtes gens qui vivaient noblement dans le royaume, et les exclut de l'armée ainsi que tous les fils des nouveaux nobles qu'on n'y avait jamais refusés. Cette ordonnance a plus contribué encore à la révolution que celle des coups de plat de sabre : j'en appelle à la vanité du Tiers-État.

Après avoir parlé des rois et des ministres qui ont préparé la révolution à leur insu, et des écrivains qui l'ont prévue et nécessitée, il ne faut pas oublier parmi toutes ces causes, la guerre des insurgens Anglo-Américains. La liberté pour les Français n'avait été jusque-là qu'un fantôme, mais cette guerre en fit un être réel ; et ce mot, qui remplit bientôt toutes les gazettes, tourna la cervelle aux têtes françaises et se glissa dans tous les cœurs. Il y eut en Amérique une irruption de nos jeunes guerriers, qui furent d'abord protégés en secret par le gouvernement français, qui déclara dans la suite ouvertement la guerre à l'Angleterre. Certainement la politique était bonne d'affaiblir nos éternels ennemis, dont la puissance était monstrueuse, mais il y avait aussi de l'impolitique à protéger, par nos armes, des colonies rebelles à leur métropole. Ce n'est pas à une monarchie à fonder des républiques. Nous fîmes la même faute pour la Hollande.

La vanité française obtint du congrès américain une décoration sous le nom de *Cincinnatus*, en l'honneur de Wasingston, qui a des rapports avec ce guerrier romain; et ce congrès eut l'imprudence de l'établir dans les États-Unis en faveur des Américains qui avaient combattu pour la liberté. Mais sa sagesse vit bien dans la suite que dans une petite république il ne faut pas créer des distinctions qui nuisent tôt ou tard à la liberté. Aussi la société de *Cincinnatus* fut-elle détruite pour les Américains et conservée pour les Français. Ce sont toutes ces réflexions qui ont déterminé sans doute le marquis de la F.... à donner une décoration aux vainqueurs de la Bastille au moment où la liberté *a eu l'air* de s'établir en France.

Il faut ajouter à tout cela, que cette guerre nécessita beaucoup de Français à apprendre l'Anglais, et que beaucoup d'autres l'apprirent par curiosité. Cette langue devint à la mode pour les femmes même, toute bizarre qu'elle soit, et nous fûmes inondés de papiers anglais, où les débats du parlement, la hardiesse et la licence de cette nation, n'ont que trop dépouillé la nôtre de son respect et de son amour pour ses rois. Enfin, les petits-maîtres français, qui jusqu'à cette époque avaient rendu tous les peuples jaloux de leurs modes et de leur habillement, adoptèrent le costume anglais, et l'on ne vit plus à Paris que des jeunes gens en cheveux coupés et lavés, toujours bottés et perchés dans des wiskis de dix pieds de haut, et servis par des pygmées qu'on appelle jokeys. Les carrosses à l'anglaise, qui sont montés sur ferrement et font un bruit épouvantable, et dont le cocher assis sur son siége est au niveau du premier étage, eurent la vogue ainsi que les chevaux écourtés et essorillés. Cette manière de dégrader ainsi ce bel animal, est bien une preuve du mauvais goût de ce peuple. Cette anglomanie n'a pas encore passé de mode, et nous avons vu beaucoup d'Anglais qui croyaient n'avoir pas quitté Londres en vivant à Paris, et beaucoup de Français qui ne trouvant pas Paris assez anglais, allaient le chercher à Lon-

dres. Il faut espérer que cette extravagance finira
et qu'on sentira un jour qu'il faut être soi pour
être quelque chose.

Dans le temps de la guerre anglo-américaine,
M. de Sartine, créature de Maurepas, était ministre de la marine. Il avait été long-temps ministre de la police et s'était rendu redoutable
aux filles publiques et aux fripons. Il fit un état
de l'espionnage, qui ne fit jamais qu'un vil mé-
tier, et fit donner des récompenses militaires à
plusieurs de ses affidés. En l'observant davan-
tage, la police lui convenait fort, mais il fut élevé
à la marine, quoiqu'il n'eût jamais vu un vaisseau
de sa vie. Toutes ces disparates gendarmaient
fort les gens d'esprit contre Maurepas, qui étonnait tout le monde et ne s'étonnait de rien. Dans
son ministère, M. de Sartine ne fit rien de con-
damnable; au contraire, la marine eut sujet de
se louer de lui, et l'on peut dire que ses pré-
décesseurs et ses successeurs ne l'ont pas fait
oublier.

M. Necker avait alors les finances. Il avait été
commis à Genève chez un banquier et ensuite
à Paris. Son savoir-faire rendit très riche la maison dont il gouvernait l'argent, et il fit lui-même
une fortune considérable. Les gens de lettres, qui
ont toujours été les flatteurs et les vampires des
gens riches, s'attachèrent bien vite à M. Necker,

et il voulut singer lui-même Helvétius, dont la maison était toute littéraire, et qui appelait ses soupers, *les banquets des sages*, avec toute la bonhommie de l'amour-propre. Si le livre de *l'Esprit* et celui de *l'Éducation* s'étaient faits d'après les conversations des encyclopédistes, l'éloge de Colbert se fit sous l'inspection de Thomas et de quelques littérateurs dévoués à M. Necker, dont ils pressentaient l'élévation et la gloire financière.

L'éloge de Colbert fit passer M. Necker pour un homme profond, et on ne peut nier en effet que malgré beaucoup de pathos et quelques erreurs, cet ouvrage ne soit très bon à lire. Il n'est pas douteux que M. Necker n'eût été reçu à l'Académie sans son calvinisme; mais cela n'eût rien fait au mérite qu'il a. Ce Thomas, qui a passé long-temps pour son *faiseur*, connu par les éloges de Descartes et de Marc-Aurèle, où il y a de fort belles choses, était très ampoulé de son naturel; et Voltaire, dont les épigrammes étaient remplies de jugement sans compter l'esprit, disait, en parlant des ouvrages embrouillés et boursoufflés, qu'il ne fallait plus dire *galimathias*, mais *galithomas*.

Madame Necker, qui avait été maîtresse d'école en province, et dont le pédantisme a passé en proverbe, n'a pas peu contribué à la gloire de son époux. Son activité, ses cajoleries aux gens de lettres, ses grands dîners, sa vénération affectée pour M. Necker, et les louanges exagérées qu'elle lui prodiguait en particulier et devant tout le monde, donnèrent une sorte d'explosion à la renommée de son mari, et lui firent une réputation. L'intrigue se mit de la partie, et la famille Necker attacha à sa fortune le marquis de Pezay, connu en littérature par des vers à la manière de Dorat, et dans le monde par une finesse soutenue et une activité qu'aucun obstacle ne pouvait arrêter. Ce jeune homme obtint le brevet de colonel, et fut nommé ensuite inspecteur-général des côtes maritimes de France, avec de forts appointemens. Il était parvenu à avoir une correspondance avec Louis XVI, qui l'honorait de sa bienveillance, et c'est par cette voie qu'il fit connaître à Sa Majesté M. Necker, en le faisant passer pour un homme nécessaire, ce qu'il persuada d'un autre côté à Maurepas. Ce Genevois fut nommé directeur-général des finances, parce qu'à cause de sa religion on ne put pas lui donner le titre de contrôleur-général ; et Pezay, qui le louait encore mieux depuis qu'il était en place, aurait pu dire en parlant de Necker : *vidi illum sedentem in telonio.* Il n'y avait pas beaucoup d'exemples en effet depuis

St. Mathieu qu'un commis de bureau fût ainsi parvenu *.

A cette époque, la guerre d'Amérique se continuait toujours, et **M.** Necker, par le moyen de ses emprunts, faisait face à tout. Le paysan, émerveillé de ne pas payer impôts sur impôts, le bénissait dans sa chaumière, et le riche bourgeois, qui plaçait son argent à 10 pour 100, ne le bénissait pas moins dans sa maison. L'agiotage, cette peste des gouvernemens et véritable signe de leur décadence, agrandissait la fortune des capitalistes et des banquiers; les particuliers étrangers eux-mêmes versaient leurs fonds dans les caisses françaises, et dans le moment où le gouvernement s'obérait en secret et se précipitait vers sa chute, il avait l'air de s'enrichir et de s'élever plus qu'il ne le fut jamais, semblable à un hydropique dont l'embonpoint n'est qu'une maladie. Les nations étrangères nous portaient envie, et d'autant plus que nous ne faisions pas la guerre sans succès. Enfin la France put se croire un moment la première nation du monde, malgré les cris des bons esprits qui l'avertissaient que les emprunts multipliés du ministre des

* Le marquis de Pezay avait épousé Mlle. de Murat, une des plus belles, des plus spirituelles et des plus vertueuses fe mes de son temps. Elle vit encore, et je m'honore infiniment de son amitié.

finances seraient la cause d'une désastreuse banqueroute et du renversement de l'État.

M. Necker, qui s'est toujours conduit plus en
banquier qu'en ministre, parce qu'il a plus
d'habitude que de génie, poursuivit ainsi ses
opérations financières, et acquit tous les jours
plus de popularité. Enfin il obtint du gouvernement la permission de publier son fameux
Compte rendu, où il parut éclairer tous les
détours de l'immense labyrinthe des finances,
dont lui seul tenait le fil, et il eut l'art de jeter
un voile sur les plaies de l'État, au point d'éton-
ner la France elle-même de ses ressources, et
de faire trembler toutes les nations de l'Europe.
Cette habileté pouvait nous être utile, et en
cela M. Necker fut très adroit, puisqu'il se ser-
vait aussi lui-même ; mais il valait mieux faire
le bien que cacher le mal, et chercher plutôt
une gloire tranquille et durable, qu'un éclat
bruyant et passager.

Le *Compte rendu* de M. Necker est une des
grandes causes de la révolution. Jusqu'à cette
époque, les Français ne s'étaient occupés que de
modes et de littérature ; les opérations du gouvernement étaient de véritables énigmes pour
eux ; mais à l'apparition de ce livre, on ne parla
que finances dans le royaume, les femmes elles-
mêmes faisaient semblant de s'y entendre, et la

frivole gaîté des sociétés fut obligée de céder au triste ennui de ces matières. Cette secousse donnée à l'esprit français, jointe à l'anglomanie, vicia le caractère national ; la mode en souffrit autant que la littérature ; les aimables productions de l'esprit et de l'industrie furent négligées d'une manière visible, et le Français ne sacrifia plus aux Grâces. Les Anglais et M. Necker en furent cause.

Law, par la vivacité de ses opérations financières, laissa au caractère national tout son emportement ; le Français fut peut-être de son temps plus Français que jamais ; les plaisirs, les livres, la mode, l'argent, tout subissait une rapide agitation : on n'avait pas le temps de vivre. M. Necker, au contraire, par la sécheresse et la monotonie de sa gestion, par sa lourdeur helvétique et ses éternels emprunts, appesantit l'esprit de la nation, la rendit calculatrice, et il fut un moment où l'on ne riait pas plus à Paris qu'à Genève. Enfin si Law, en forçant promptement la banqueroute, tua tout d'un coup les fortunes particulières, M. Necker a fait durer l'agonie de la fortune publique, et a nécessité une banqueroute mille fois plus funeste.

Au milieu de toute sa gloire, ce directeur des finances, qui tantôt par ses comptes rendus, et tantôt par d'autres opérations, faisait toujours appel au peuple, pour diminuer la puissance des intendans, ces vrais instrumens monarchiques, songea à établir les administrations provinciales qu'avait proposées l'économiste Turgot. Quand on suit pas à pas les manœuvres de M. Necker, on voit que cet homme a toujours eu l'intention cachée d'affaiblir la puissance royale, et c'est une grande faute à un gouvernement monarchique de se donner pour ministre un homme né dans une république et dans une autre religion que celle de l'État.

Enfin, M. Necker, que l'ambition de gouverner irritait sans cesse, voulut entrer au conseil, et Maurepas, qui le haïssait, prit ce prétexte pour le détruire; il se servit de ses moyens accoutumés, et la plaisanterie se mit de la partie. M. Necker fut bientôt remplacé. Nous ne parlerons point ici de M. le maréchal de Castries qui avait succédé à M. de Sartines, ni de M. d'Ormesson qui eut les finances, ni de M. de Miroménil qui avait les sceaux, ni de M. Joly de Fleury qui remplaça M. d'Ormesson; mais nous passerons tout-à-coup à M. de Calonne, qu'une brigue puissante fit ministre des finances, *pecuniæ publicæ et suæ prodigus.* Tout ce que l'ambition peut verser dans une âme de souplesse, d'intrigue et d'amabilité, était réuni dans la sienne. Protée ingénieux, il prenait toutes les formes de ceux à qui il voulait plaire, mais il faut avouer qu'il ne fut jamais assez hypocrite pour singer la vertu ; il en plaisantait même si gaîment que bien des gens étaient tentés de lui savoir gré de cette franchise. Tous ses amis, tous ses protecteurs, tous ses protégés, ne manquèrent ni d'argent, ni de places. Nous présenterons M. de Calonne comme un homme frivole, sans avenir dans l'esprit, qui creusa le gouffre du déficit, et qui ensuite perdit la tête quand il fallut le combler. Il crut, le mauvais politique qu'il était, qu'il serait assez maître des notables pour les diriger à son gré, mais il ne vit pas que c'étaient de véritables ennemis dont il s'entourait, et qu'il serait sacrifié par eux à la vengeance publique. Avant de parler de M. de Loménie, qui fut un de ses plus ardens adversaires, et sur lequel nous savons des choses que beaucoup de gens ignorent, nous dirons un mot du comte de Vergennes. C'était un très honnête homme, qui avait les meilleures intentions du monde, appliqué, patient, mais irrésolu. Il nuisit à la France en ne lui donnant pas au dehors l'éclat qui lui était si nécessaire, et en lui faisant perdre cette estime d'opinion qui est une véritable puissance. Il entendait mal ce qu'on appelle la *Guerre de Cabinet*, et il fut battu par tous les chefs diplomatiques de l'Europe à qui il eut affaire. C'est à lui que nous devons en partie le *Traité de Commerce* avec l'Angleterre qui est une des plaies de l'État.

M. de Loménie-Brienne, archevêque de Toulouse et ensuite de Sens, avait été pour ainsi dire élevé par les philosophes. Il avait entretenu une correspondance réglée avec Voltaire, Diderot, d'Alembert, etc., et c'est d'après les principes de la philosophie moderne, qu'il fit un plan de gouvernement, qui n'était autre chose que celui d'une révolution. Il intrigua avec tant de ressources, dans le temps de l'assemblée des notables, qu'il parvint, sous le prétexte du bien public, à faire disgracier M. de Calonne et à se faire nommer principal ministre. Pour ôter tout espoir de retour dans les affaires publiques à M. de Calonne, M. de Loménie poussa la haine jusqu'à l'exiler et à lui ôter les ordres du roi ; c'était une flétrissure non méritée.

M. l'archevêque de Sens ayant ainsi tranquillisé sa vengeance, et fidèle au plan qu'il s'était tracé, commença ses opérations en dérobant à tous les regards sa philosophie révolutionnaire, qu'il tenait cachée sous le voile d'un despotisme apparent. Il avait senti depuis long-temps que s'il voulait suivre les traces du cardinal de Richelieu et devenir comme lui l'arc-boutant de la royauté, il n'aurait qu'une gloire d'imitation, et que même il ne pourrait jamais bien imiter ce grand homme;

il prit donc le parti de se faire une gloire toute neuve en créant une révolution opposée à la religion et à la royauté, ce qui était en effet très extraordinaire dans un ministre et dans un évêque. Il faut remarquer que si les gens d'esprit lisent très bien dans le passé qui est plein de certitudes, et savent en profiter adroitement, il ne voient pas toujours si bien dans l'avenir, qui s'obscurcit à leur vue ; tandis que le génie s'y transporte, et comme un sillon lumineux, en éclaire les épaisses ténèbres. M. de Loménie ne vit pas le mal possible dans un changement nécessaire, et ne comprit pas que la *Philosophie* n'était pas le remède convenable à la corruption d'un vaste empire qui s'affaissait de toutes parts : c'était vouloir appliquer un dissolvant à un corps qui se dissout.

M. de Loménie n'eut rien de plus pressé que de proposer aux parlemens l'impôt territorial et celui du timbre, qui étaient cause de la perte de M. de Calonne, tout nécessaires qu'ils fussent ; mais il était convaincu qu'il éprouverait les mêmes difficultés, et que la guerre commencerait entre la cour et la magistrature. Il fit M. de Lamoignon garde-des-sceaux, et il eut l'art de jeter sur lui tout l'odieux de la *cour plénière*, dont il était pourtant l'inventeur. M. de Lamoignon ne vit pas le piége que lui tendait M. de Loménie, dont il devint l'instrument et la victime. Le principal ministre ne présentait la *cour plénière* à la nation que comme un épouvantail; sa composition aristocratique le prouve bien. Ce n'était pas dans un temps tout philosophique, où le désordre des esprits était déjà à son comble, qu'on pouvait établir un sénat de grands seigneurs, et ce n'était pas en effet ce que voulait M. de Loménie. Il voulait du trouble, des oppositions, et nécessiter des coups d'autorité pour la rendre odieuse.

A cette époque, M. le duc d'Orléans voyait quelquefois en secret le principal ministre, et ils étaient d'accord sur la révolution qui se tramait activement depuis 1785. La certitude que M. de Loménie était dans ses intérêts, décida M. le duc d'Orléans à soutenir la prétendue cause du peuple, et à manquer, pour ainsi dire, au roi, en plein lit de justice. Cela explique aussi l'insolence de l'abbé Sabathier de Cabre et de l'abbé le Coigneux, et la témérité de M. d'Esprémenil, tous trois conseillers au parlement. Ces messieurs furent exilés, le duc d'Orléans fut envoyé au Raincy et le parlement à Troyes. Ceux des provinces, toujours singes de celui de Paris, cherchaient à l'imiter, et c'était facile *. On envoya des troupes contre eux, et

---

* Nous le répétons, les parlemens ont été bien coupables.

M. de Loménie savait qu'elles n'obéiraient pas, car il avait entre les mains une liste de trente colonels qui avaient promis de ne pas les faire obéir. Cependant pas un ne fut recherché ni puni; les commandans de province recevaient des ordres de rigueur qui étaient révoqués courrier par courrier, et cette fluctuation ministérielle enchaînait les vrais serviteurs du roi et déchaînait ses ennemis. C'est ainsi que M. de Loménie conduisait son machiavélisme populaire, jusqu'à ce qu'il se vit obligé de parler d'états-généraux, dont il voulait être obstinément le convocateur et le patron, en feignant de les éluder. Il les promit pour 1792, et cependant il permit universellement d'écrire sur ces matières, ce qui fut l'étincelle qui alluma le vaste incendie dont la France est encore dévorée.

M. de Loménie, après toutes les opérations que nous avons déduites, parut mettre son hypocrisie plus à son aise et hâter la révolution plus librement. Il réduisit les pensions des grands seigneurs pour les irriter contre la cour, et pour gagner de la popularité. Le conseil de la guerre fut établi, et il le composa de tout ce qu'il y avait de *faiseurs* détestés dans l'armée, prévoyant bien qu'elle ne leur résisterait pas. Ensuite il réforma la gendarmerie, et ce qui restait de gendarmes de la garde et de chevau-légers, parce

que dans un moment de crise on pouvait y attacher un grand nombre de surnuméraires et ren-
forcer le trône. Il affaiblit ainsi la puissance
royale, au moment où il aurait été nécessaire de
la remonter par tout l'appareil et les entours
militaires; et cette perfidie, il l'appela économie.
Louis XVI ne devina rien *.

Enfin, et ce fut un de ses plus grands triom-
phes, il mécontenta assez M. le baron de Bre-
teuil, dont le royalisme est connu, pour le forcer à donner sa démission, et il le remplaça par
M. de Villedeuil; c'était faire succéder un
homme faible et nul à un ministre ferme et éclai-
ré. M. de Loménie laissa dans Paris à la tête
de la police, M. de Crosne, fort honnête
homme, mais peu propre à cette place, car il
ne sut jamais qu'on fabriquait des piques au
faubourg Saint-Antoine, et ne comprit pas ce
que signifiaient toutes ces agitations populaires,
qui infestaient la capitale.

Le principal ministre, voyant cependant qu'il
ne pouvait pas vaincre les obstacles qu'on lui
opposait, et devenir lui-même le convocateur
des états-généraux, nécessita et précipita la

---

* Malheureusement, comme le disait mon frère, le
roi avait le diadème sur les yeux au lieu de l'avoir sur
le front.

révolution, en faisant une banqueroute partielle, pour en faire craindre une totale, et en rappelant au ministère M. Necker, qui croyait avoir *à se* plaindre de la cour, homme tout populaire, protestant et républicain.

Le système de M. de Loménie était de faire scission avec la cour de Rome, s'il eût pu parvenir à devenir le *ministre de la nation* ; aussi il se garda bien de demander le chapeau de cardinal dans le temps qu'il était en place. Sa philosophie ne voulait pas avoir cette étrange obligation au Pape, et sa politique toute populaire la repoussait prudemment. Il visait au patriarchat, et voulait absolument établir un schisme, et séparer l'église gallicane de l'église romaine. Mais, comme nous l'avons dit, son projet de convoquer les étas-généraux ayant avorté par les justes appréhensions de la cour, qui s'opposa le plus qu'elle put à ce cruel et violent parti, M. de Loménie se retira du ministère, et comprit très bien alors que son plan, qui devait s'effectuer par M. Necker, avec qui il était d'intelligence, le nécessitait à demander le chapeau, afin d'être placé au premier rang de la hiérarchie de l'église et d'arriver de *plein saut* au patriarchat ; et sachant très bien qu'il serait le seul cardinal qui se parjurerait et qui foulerait aux pieds la sainteté de ses sermens.

Sa conduite ultérieure a bien prouvé sa conduite passée : il s'est assermenté ; mais les chefs de la révolution trahirent leur promesse et déjouèrent son ambition. Le patriarchat lui a échappé, mais non la honte et l'obscurité. Jamais dissimulation ne fut plus profonde que celle de M. de Loménie pendant son ministère, puisqu'il osa la couvrir du masque de l'ineptie, de la nullité, et qu'il sacrifia l'amour-propre même à ses desseins. Le succès seul pouvait lui assurer une détestable gloire.

Après M. de Loménie, qui avait caché dans l'ombre son hypocrite popularité, M. Necker reparut au ministère, et dans une époque où il put mettre ses principes au grand jour sans rien craindre. La nécessité semblait l'avoir appelé, ce qui était un glorieux hommage, mais il abusa trop de son fatal empire. Il convoqua d'abord des notables, comme pour prouver à toute l'Europe, que là où M. de Calonne n'avait trouvé que sa chute, lui trouverait un appui. Cette convocation ne fut utile qu'à sa vanité. Ensuite le *grand homme* fit un *emprunt* et doubla la représentation du Tiers-État. Voilà la cause suprême et efficiente de la révolution. On put dire en dernier résultat, que dans son premier ministère, M. Necker l'avait *prévue*, que M. de Calonne l'a *rapprochée*, que M. de Loménie l'a *voulue*, et que M. Necker l'a *commencée*; le peuple l'*achèvera* et nous finirons par une épouvantable anarchie.

Nous avons historiquement fait remonter les causes de la révolution jusqu'au régent, époque de la corruption des mœurs et de la naissance de la philosophie. Il n'est pas nécessaire de combattre les écrivains soudoyés qui ont lâchement calomnié la reine en l'accusant du *déficit* qui avait poussé ses racines sous Louis XIV, qui s'était accru et fortifié sous Louis XV, et que la guerre d'Amérique et nos mauvais ministres ont augmenté sous Louis XVI. La dette était de plus de trois milliards en 1776, selon l'abbé Beaudeau; la reine ne régnait alors que depuis deux ans [*].

Par le comte de RIVAROL,
Maréchal de Camp.

[*] Cette admirable reine disait à la princesse de Tarente : *les calomnies des courtisans ont commencé à me perdre, celles du peuple me tuent.* On sait quel courage elle montra au 6 octobre, ou 20 juin, à Varennes, à son interrogatoire, et sur l'échafaud. Elle avait l'âme grande, un cœur parfait et l'esprit juste, et par conséquent beaucoup de rapports avec son auguste mère.

LETTRE A MILORD***.

Le 1er, février 1815.

MILORD,

C'est à M. Burke que je dois l'honneur d'être connu de vous, et je suis aussi flatté que vous ayez daigné vous souvenir de moi, que de la demande que vous me faites de vous éclairer sur l'état actuel des choses en France. Je m'appliquerai surtout à vous dire la vérité, et je serai court, si cela m'est possible; les longueurs et les déguisemens ne conviennent pas à un esprit aussi supérieur que le vôtre.

Je vous dirai d'abord que je ne crois pas que la restauration se soit opérée par une espèce de miracle. Il y a long-temps qu'on la préparait, et Bonaparte a donné dans tous les piéges qu'on lui a tendus. Des généraux, des ministres, des préfets, des maires, étaient gagnés depuis long-temps, et son voyage à Moscow ne fut qu'un conseil de la trahison. Il est certain que s'il eût épousé la fille d'un bourgeois de Paris, au lieu de Marie-Louise, il n'aurait jamais osé passer le Niémen pour ne pas laisser cent mille Autrichiens derrière lui, sans compter l'armée russe de Moldavie. Tout cela fera le sujet d'une lettre très importante que j'aurai l'honneur de vous écrire.

Mais revenons, Milord, au moment actuel. La France est dans une position fausse, et tout concourt à la laisser dans cet état. Ayant passé de la plus haute vigueur politique à la plus extrême faiblesse, elle est comme ces malades qui après une excessive tension dans les nerfs, tombent dans un affaiblissement voisin de la mort. L'administration entière est d'une nullité absolue. . Le nation cherche, de ses tristes regards, un homme d'État et n'en trouve point. Elle s'attendait à un adoucissement dans les impôts, et ses charges sont augmentées. Les anciennes dettes de l'État sont réduites, et les nouvelles sont acquittées. Les officiers de Bonaparte sont à la demi-solde, et ceux de Louis XVI n'ont pas de pain. Les suppôts du parti déchu et des anciennes factions s'agitent sourdement; les anciens nobles ne peuvent supporter leur humiliation; les prêtres murmurent et les deux chambres font pitié. Le peuple attend, dans un triste silence, *je ne sais quoi d'inconnu*, et ceci est effrayant.

Si le Roi, au lieu de se mettre sur le fauteuil de Bonaparte, s'était placé sur son trône, et qu'il eût seulement adouci le gouvernement, tout aurait marché. Les armées sont les ennemies naturelles des constitutions ; elles aiment le pouvoir, parce qu'elles en sont le grand instrument, et nos soldats, en retrouvant un monarque, n'auraient pas à regretter un maître. En attendant, on verse de l'opium sur nos plaies ; mais le mal creuse en dedans, et à cet état de langueur et d'assoupissement, doit nécessairement succéder un affreux réveil. La France a besoin que ses monarques aient de l'éclat. Avec une constitution, Louis XIV n'eût été qu'un roi médiocre ; et si elle dure, nos rois seront à l'avenir sur le trône, comme leurs ancêtres à Saint-Denis, *des morts couronnés.*

Depuis Édouard III, vous n'avez eu qu'Élisabeth qui ait su régner ; mais la nation écrasa ses successeurs. Cromwel fut grand, parce que la charte se tut devant lui, et l'Angleterre lui doit sa véritable puissance *. Quelle différence faites-vous entre Georges Ier., Georges II, Georges III ? il n'y en a aucune. Eh ! tant mieux, me direz-vous ! Nos rois sont forcés d'être

* Mon frère écrivait : *Les fautes sont toujours punies ; Cromwel fit son crime sans faute.*

médiocres, et leur obscurité donne de l'éclat à la nation. Les héros coûtent trop cher ; la foudre brille, mais elle frappe.... Tout cela est très vrai, Milord, mais votre charte n'est pas née comme un champignon dans les serres chaudes de la philanthropie moderne, elle est le fruit du temps, du malheur et de l'expérience, et convient parfaitement à votre peuple. Nos caractères diffèrent en tout, et je suis convaincu que si dans notre révolution, Louis XVI s'était armé comme Charles Ier., et que celui-ci n'eût pas fait plus de résistance que Louis XVI, ils ne seraient pas montés l'un et l'autre sur l'échafaud. La chose ne me paraît pas douteuse. Enfin, nous voilà, comme en 1789, avec un roi populaire et une constitution, avec cette différence que la France n'était pas alors en proie à trois générations effrayantes, *à celle qui a fait la révolution, à celle que la révolution a faite, et à celle qui se fait.*

Louis XVIII, avec des lumières et de bonnes intentions, n'a pas bien compris où il en est et où nous en sommes. Il a été roi à Londres sans régner, et il règne ici sans être roi. Cette non-habitude de pouvoir domine dans toutes ses actions ; vous savez, Milord, avec quel éloge je vous parlais de lui quand j'avais l'honneur de vous écrire de Bruxelles sur Coblentz et l'émigration ;

mes sentimens sont les mêmes, et ce n'est pas sans une douleur profonde, que j'envisage sa triste situation : l'armée et les administrations ne sont pas pour lui, et c'est funeste *.

Aucun des politiques anciens et modernes n'a parlé de la *force d'inertie*, parce que tout gouvernement vit d'action ; il faudra voir quel chapitre nous fera faire *cette résistance des corps mous* qu'on n'appréciait qu'en physique. Nos ministres n'ont d'autre puissance que celle de Méduse, tout meurt devant eux ; et d'autant plus que leurs agens sont en général attachés aux anciens partis, qui entravent tout, paralysent tout, nourissent de coupables regrets, et conçoivent peut-être d'affreuses espérances. Les ministres restent en place, et c'est la plus terrible preuve que le Roi a le cœur le plus confiant de l'univers.

Voltaire disait : *La médiocrité couvre la terre entière* ; cela était moins vrai de son temps que de nos jours, et pour la France surtout, car elle avait alors de grands hommes ; aujourd'hui elle est veuve de toute grandeur ; et pourquoi ? c'est que tout y va contre la *nature des choses*, qui, *lorsqu'elle est bien connue*, disait mon frère, *devient notre raison.* Où est-elle cette

* Les cent jours l'ont bien prouvé.

3..

raison, fille du ciel, véritable soutien des empires, et principe des lois ? Et la religion qui supplée à tout, où est-elle ? *Lex ligat, religioque religat.* Les lois révolutionnaires nous régissent encore, et pour avoir des tribunaux, on croit avoir une justice, comme on croit avoir une religion, parce qu'on a des églises. Déplorable état des choses où le bien et le mal n'ont aucune fixité * ; où l'esprit ne sait où se prendre et le cœur s'attacher; où l'homme qui pense frémit du passé, s'attriste du présent et tremble de l'avenir ! C'est pourtant à la faiblesse du gouvernement que nous la devons, cette déplorable situation; c'est à la dureté qu'on a pour tant de malheureux, que l'honneur et la délicatesse ont perdus, qu'on doit tant de murmures; c'est à la profusion de tout, dont on accable ceux qui ne devaient pas y compter, qu'on doit tant de dépenses et une ruine certaine. Ainsi, pour n'avoir pas su s'arrêter au point fixe, on flottera entre les extrêmes, on tâtonnera au lieu de saisir, on sera inhumain sans être cruel, prodigue sans être généreux ; on écartera les hommes forts, on repoussera les hommes probes ; enfin, on n'osera ni punir ni récompenser , ce qui est presque la seule science des rois. La crainte, puisqu'il faut le dire, est en sens inverse; na-

* *Fas versum atque nefas.* Virgile.

guère elle frappait la nation, aujourd'hui elle frappe le gouvernement ; les factieux le savent et en profitent. Quand il s'agit de prévenir ou d'arrêter de grands maux, *il y a une cruauté très humaine*, dit Montesquieu ; oui sans doute, et elle naît de la force ; mais aussi, *il y a une bonté très cruelle*, et elle naît de la faiblesse.

Voilà notre situation intérieure, Milord ; elle pourra réjouir nos ennemis. Au dehors, nous sommes sans considération, et le lion malade y recevra le dernier outrage. Le prince de T. jette de tous côtés ses fils d'araignée, mais les gros insectes y passent, et vous le verrez faire des protestations ultérieures pour bien démontrer notre impuissance actuelle. Nous sommes comme un de ces enfans qui disent : *je me vengerai bien quand je serai grand*; c'est trop ridicule. En attendant, l'Angleterre étendra sa domination aussi loin que son commerce ; ses flottes seront des villes, ses armées des colonies, ses colonies des empires, et la terre sera pour elle un autre Océan. Rome, gouvernant le monde connu depuis l'Euphrate jusqu'au Danube, était moins imposante ; vous inspirez une effrayante admiration : Londres est la métropole de l'univers. L'Angleterre a deux bras, l'un d'or, l'autre de fer ; elle frappe et corrompt. Aussi, vous osez dire aux rois, qui ne sont que les

commandeurs de vos colonies : vous nous don-
nerez votre or, c'est-à-dire le sang de vos
peuples, en échange des marchandises que nos
vaisseaux vomiront sur vos côtes, et les vôtres
seront arrêtés à l'embouchure de vos fleuves, ou
détruits s'ils osent les franchir : nous sommes
vos maîtres.....

Si la Russie, l'Autriche et la France, qui
seules peuvent s'opposer à une si terrible domination, voulaient s'entendre, elles entraîneraient
facilement les autres rois ; qu'arriverait-il ?
Alexandre serait menacé du sort de son père,
Bonaparte serait ramené *, son parti soudoyé,
et la guerre civile forcée, car vos ministres ont
un machiavélisme franc qui va rigidement à son
but. Cependant, Milord, il y aurait un moyen
de délivrer l'Europe du joug britannique,
excusez ma franchise; mais le moment n'est
venu ni de l'employer ni d'en parler.

Agréez, je vous prie, Milord, l'assurance de
mon respectueux attachement et de ma haute
considération.

Le Comte de R***.

* Il était alors bien près de quitter l'île d'Elbe.

N. B. Cette lettre fut communiquée à un de nos
princes qui me fit l'honneur de me dire qu'il l'avait lue *avec
autant de surprise que d'intérêt.* Au reste, elle est connue
de plusieurs personnes à qui j'en distribuai des copies·

SECONDE LETTRE A MILORD ***.

Le 4 Mai 1820.

———•———

Milord,

J'ai reçu l'excellente lettre que vous m'avez fait l'honneur de m'écrire, et je me hâte d'y répondre. Vous savez que nous avons eu des troubles qui pouvaient devenir dangereux. Nos princes n'ont pas connu la France actuelle; de-là des méprises funestes. Il y a deux nations en France: l'une est composée des républicains, des Bonapartistes, des philosophes et des acquéreurs de biens nationaux; l'autre de gens paisibles, qui veulent la religion, la Charte et la dynastie; mais cette nation est inagissante et faible; l'autre a du ressort, de l'audace et de la puissance, car le gouvernement lui a donné la sienne, et c'est une faute dont les suites peuvent être funestes. Voyez dans Hume les regrets que Charles II exprimait vers la fin de sa vie, d'avoir laissé tant de cromwellistes et de presbytériens en place; il en prévoyait la chute de sa dynastie. C'était aisé à prévoir, et les Sunderland et les Churchil ne nous manquent pas: les cent jours l'ont bien prouvé. Il est certain que tous les pouvoirs sont entre les mains des libéraux, à quelques exceptions près ; les dons et les pardons gâtent tout. Les royalistes sans reproche sont abreuvés d'amertume, humiliés même, et je crois en conscience que pour complaire aux libéraux et les réjouir, on n'est pas fâché que les gens qui ont un nom et un dévoûment connus, se plaignent et déclament contre le gouvernement. Si c'est là *une des ruses* du gouvernement, ma plume se refuse à la qualifier, et vous saurez bien le faire vous-même.

Quelle génération future ne se dira pas : la révolution que firent nos pères fut une mine de richesses, de titres et de grandeurs ; une foule d'hommes inconnus s'élevèrent en abaissant tout, les uns par les crimes les plus affreux, ceux-là par l'audace la plus insolente, ceux-ci par les bassesses les plus insignes ; il n'y eut rien pour la vertu. Faisons comme nos pères, s'écrieront-ils, et le genre humain aura encore l'affreux spectacle de révolutions nouvelles. Eh ! puisqu'il faut le dire, c'est aux rois de l'Europe que nous devons l'abîme où le monde a manqué s'engloutir ; il a fallu de longues humiliations et de puissans dangers pour les réveiller, car s'ils eussent fait une coalition sincère et bien ordonnée, comme de nos jours, par exemple, en 1790 ou du moins après la mort de Robespierre, lorsque la France fut frappée tout entière par

les détentions et la guillotine, où le peuple se
faisait horreur à lui-même; si, dis-je, les rois
s'étaient réunis pour le salut commun, ils auraient
arrêté le torrent qui les a entraînés si long-temps
eux-mêmes, et auquel ils n'ont échappé que par
miracle. La révolution est donc la grande faute
des rois.

Mais enfin quels seraient les remèdes à tant de
maux ? Ils sont bien simples : la justice et la
force. Bonaparte contenait tout et faisait tout
aller ; les terribles instrumens de sa tyrannie
faisaient tout plier sous ses volontés; les écrits,
la parole même étaient interdits ; la délation
arrivait de partout. Chaque département était
une véritable satrapie, et le sultan était au centre, averti de toutes parts, comme tel insecte au milieu de sa toile. Sa puissance était sans hypocrisie ;
elle frappait sans bruit comme à découvert, mais
elle frappait toujours. Il avait un violent amour
pour lui-même et un farouche mépris pour les
hommes, ne cherchant, comme la foudre, qu'à
faire du bruit et du mal. A Dieu ne plaise, qu'un
roi de France soit fait ainsi; mais il faut qu'il
soit fort et juste, tout en conservant la Charte ,
car il n'y a plus moyen aujourd'hui de faire de
l'absolutisme ; et qu'il sache qu'on ne peut être
bon, que quand on a le pouvoir de ne l'être pas.
Les rois faibles sont les fléaux de leurs peuples.

Il faut tenir la verge haute pour contenir les Français. Bonaparte les frappa d'abord avec une verge de fer , et c'était assez; mais ensuite, il la fit rougir au feu, et c'était trop. En dernier résultat, il faut à la France plus de gouvernement que de constitution; à l'Angleterre, plus de constitution que de gouvernement.

Je vous remercie sensiblement, Milord, de l'offre que vous me faites de me donner un asile chez vous, *puisque je ne suis point heureux*; c'est votre expression; mais il serait trop étrange que les Bourbons étant en France , je fusse obligé de m'expatrier; et malgré mon infortune, je dois à la France et à ma famille, le peu de jours qui me restent.

Agréez , Milord , l'assurance de ma haute considération et de mon respectueux attachement.

Le Comte de R***.

N. B. On m'avait fait grand prévôt du Gard; je ne fis arrêter aucun individu. Un homme en place me chercha querelle; nos principes n'étaient pas les mêmes, il voulut se battre en duel, il fut blessé. Quinze jours après, je reçus la démission de ma place, sans l'avoir donnée, et mon adversaire garda la sienne; de manière que je fus puni comme si je m'étais battu tout seul. C'est une des grandes injustices de la restauration. Depuis je n'ai eu que de la défaveur.

STANCES

FAITES DANS LA TOUR DU TEMPLE

AU MOIS DE MAI 1801 *.

Grand Dieu ! Quel est mon sort ? D'où vient que ta justice
    Repose dans les cieux ?
Les vertus sont en deuil, et le crime et le vice
    Triomphent à nos yeux :

Ils bravent ta colère, ils frappent l'innocence.
    Tout rit à leurs desseins ;
Hélas ! Nous espérions qu'une prompte vengeance
    Sortirait de tes mains ;

Que ta foudre écrasant leurs têtes criminelles,
    Punirait leurs forfaits,
Et que les hommes purs, à ton culte fidèles,
    Auraient enfin la paix.

---

* Étant rentré une seconde fois de l'émigration, par ordre du Roi, je fus enfermé au Temple en 1800, et j'y restai vingt-deux mois. De là je fus exilé pendant dix ans à cent-cinquante lieues de Paris. J'avais subi, auparavant, deux ans de prison dans le temps de la terreur, ayant été envoyé en mission à Paris par Monsieur, depuis Louis XVIII, après la campagne des princes.

Mais non : c'est vainement que leurs bouches t'implorent,
    Tu rejettes leurs vœux ;
Seigneur ! Peux-tu souffrir que les cœurs qui t'adorent
    Ne soient jamais heureux ?

Loin d'accuser, hélas ! ta sainte Providence,
    Je devrais la bénir;
Mais le sang de Louis a demandé vengeance,
    Et ne peut l'obtenir.

Je n'ai point tes vertus pour suivre ton exemple,
    Monarque infortuné !
J'ai maudit mille fois sous les voûtes du Temple
    Le jour où je suis né.

Pourquoi traîner, disais-je, un sort si déplorable ?
    Et ma faible raison
Implorait nuit et jour, dans sa rage coupable,
    Le fer ou le poison.

Un jour, dans mon sommeil, une nue éclatante
    Devant moi s'entr'ouvrit,
Et la palme à la main ton ombre consolante
    M'apparut et me dit : *

« Dieu veut récompenser par des faveurs certaines
    » Tes fidèles vertus ;
» Il brisera tes fers et chargera de chaînes
    » Les méchans éperdus.

* J'eus en effet cette vision, et j'en parlai à plusieurs de
mes compagnons d'infortune qui s'en souviennent très bien.

» Songe donc que ce Dieu par un zèle sublime
    » Expira sur la croix ;
» Et que de mille ingrats je péris la victime,
    » Moi, le meilleur des rois !

» Ne cherche plus la mort, imite ma constance ;
    » Que n'ai-je point souffert ?
» Pour prix de mes bontés et de ma patience,
    » Le ciel me fut ouvert.

» J'y protége la France à mon amour si chère,
    » Mon vœu doit s'accomplir ;
» Elle me reverra dans ma fille et mon frère,
    » Et ses maux vont finir. »

Alors que j'espérais, ombre chère et céleste,
    Un rayon de bonheur,
Le sort me préparait une douleur funeste,
    Qui me brise le cœur.

Tout-à-coup dans la Tour, asile solitaire,
    Où j'étais enfermé,
Par un monstre cruel j'appris la mort d'un frère
    Que j'avais tant aimé. *

Tout mon sang s'arrêta, je demeurai sans vie...
    Mes cris et mes douleurs
Furent vus d'un œil sec par la troupe ennemie,
    Qui riait de mes pleurs **.

* Un misérable, employé par la police, me réveilla à six
heures du matin en me présentant un journal, et me dit :
Tenez, lisez, votre frère est mort. Fouché était alors ministre.
** Nous avions beaucoup d'espions au Temple.

L'homme est donc bien cruel, que de semblables peines
    Ne puissent l'émouvoir !
Mes amis les plus chers m'ont laissé dans les chaînes
    Seul à mon désespoir.

O mon frère chéri ! quelle rage cruelle
    A donc pu t'immoler * ?
Qui dans cet univers de ma plainte éternelle
    Pourra me consoler ?

Tes lâches ennemis sèment la calomnie
    Depuis que tu n'es plus ;
Ils ont osé flétrir ton esprit, ton génie,
    Et jusqu'à tes vertus **.

Quand le lion respire, on le craint, on l'honore,
    Monarque révéré ;

   * Mon frère n'avait jamais été malade de sa vie ; il mourut le cinquième jour de sa maladie, à l'âge de quarante-sept ans, en 1801, à Berlin. Le bruit courut alors qu'il était mort de poison.

   ** On l'attaqua lâchement de tous côtés, et il y eut quelques sots qui dirent que Rivarol avait perdu son talent dans les pays étrangers ; ce qui me fit faire les vers suivans, que je lui adressai :

    Lorsque je lis parfois la critique pesante
    Qu'impriment ces rivaux sur ta prose élégante,
    Dont l'attrait les irrite et le goût les confond,
    Je me figure voir ces empreintes de plomb
    Qu'apposent les commis, Argus de nos frontières,
    Sur le satin brillant et les gazes légères.

L'insecte le plus vil l'attaque, le dévore,
　　Dès qu'il est expiré.

Oui, tu seras vengé : mon amitié fidèle
　　M'en impose la loi ;
Au défaut du talent je trouverai dans elle
　　Des traits dignes de toi.